I0208996

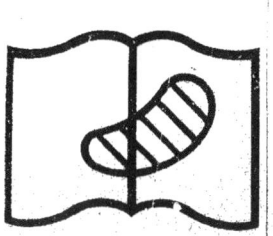

Illisibilité partielle

Contraste insuffisant
NF Z 43-120-14

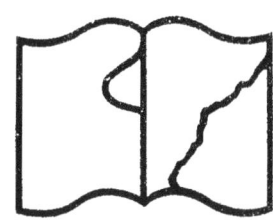

Texte détérioré
Marge(s) coupée(s)

Valable pour tout ou partie
du document reproduit

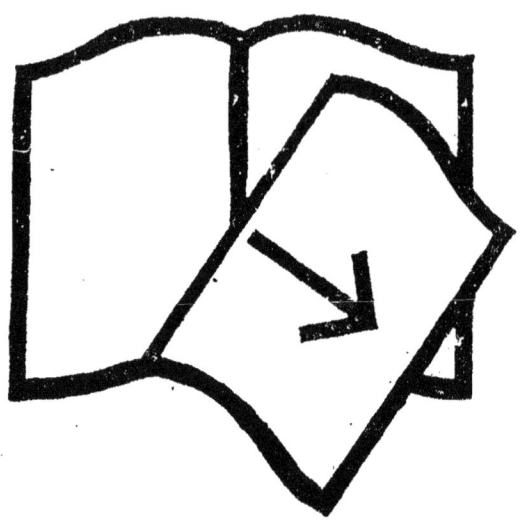

Couverture inférieure manquante

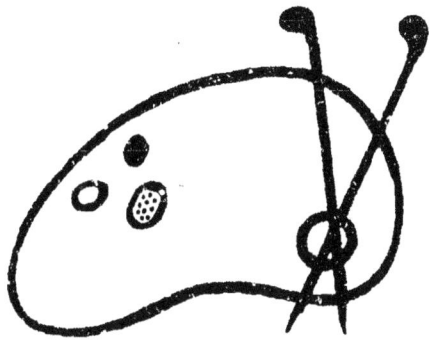

Original en couleur
NF Z 43-120-B

HISTOIRE D'UN SERF

DEVENU DIGNITAIRE DE L'ÉGLISE D'AUXERRE

AU XVᵉ SIÈCLE

PAR

M. Max. QUANTIN

Extrait du *Bulletin de la Société des Sciences historiques et naturelles de l'Yonne*, 1ᵉʳ semestre 1888.

AUXERRE
IMPRIMERIE DE GEORGES ROUILLÉ

HISTOIRE D'UN SERF

DEVENU DIGNITAIRE DE L'ÉGLISE D'AUXERRE AU XV° SIÈCLE,

Par M. Max Quantin.

(*Séance du 8 Avril 1888.*)

Au moyen-âge comme de nos jours, l'Eglise ne choisissait pas ses serviteurs seulement dans les classes supérieures de la société ; elle les prenait aussi bien dans les plus humbles et même chez les serfs. Ceux-ci, pour entrer dans ses rangs, avaient besoin auparavant d'obtenir de leurs maîtres l'affranchissement du servage, mais quand ils n'y parvenaient pas et qu'ils étaient ambitieux, ils quittaient leur pays, se faisaient oublier et, après avoir profité des occasions de fortune, revenaient, longtemps après, dans une contrée où leurs antécédents n'étaient pas connus et dans une condition souvent bien supérieure à celle de leur origine.

Mais quelquefois leur nouvelle situation les signalait à leurs anciens maîtres qui, armés de leur droit seigneurial, les recherchaient de nouveau et leur suscitaient toutes sortes de difficultés, et surtout vis-à-vis des corps ecclésiastiques dans lesquels ils étaient entrés en déclarant qu'ils jouissaient de leur pleine liberté.

C'est l'histoire d'un personnage de cette classe que je vais essayer de raconter (1).

I.

Symon Béchut, fils de Thibault Béchut, né à Saint-Georges, hameau de la commune de Vallan-Saint-Georges, terre dépendant du Chapitre cathédral de Troyes, était, comme ses parents, serf et homme de corps de ce même Chapitre. Cela se passait à la fin du XIV° siècle. Symon était déjà, depuis quelque temps, en 1405, au service du cardinal Jean de Brogny, connu sous le nom d'évêque de Viviers ou d'Ostie, des titres des sièges épiscopaux qu'il occupa. C'était un homme de grand mérite et animé d'un esprit de tolérance et de douceur évangélique (1). Son origine ressemblait à celle de Symon Béchut. Né en 1342, au village de Brogny, près d'Annecy, il gardait, dans son jeune âge, les pourceaux de son père, lorsqu'il fut un jour rencontré par des religieux en voyage qui, frappés de son heureuse physionomie, l'emmenèrent avec eux à Genève, du consentement de son père. La suite justifia l'espérance des pieux voyageurs, et Jean de Brogny devint chanoine de Genève, puis se retira à la Chartreuse de Dijon, d'où le duc de Bourgogne, Philippe-le-Hardi l'envoya au pape Clément VII pour lui faire acte d'adhésion. Il fut nommé évêque de Viviers en 1380, cardinal de Saint-Anastase en 1382 et occupa les plus hautes dignités de l'Eglise jusqu'à sa mort, en 1426.

Ici se place le premier épisode connu de la vie si accidentée de Symon Béchut. Voulant sortir de la situation de servage qui l'empêchait d'embrasser la carrière ecclésiastique, il résolut de demander au Chapitre de Troyes son affranchissement. Il se présenta, en conséquence, le 29 avril 1405, assisté de son père, à l'assemblée du Chapitre auquel il adressa humblement sa requête. Le doyen, maître Martin Eliot, lui répondit « qu'ils se despartissent dudict chappitre et qu'ils y penseroient et parleroient ensemble. » C'était une fin de non-recevoir qui laissait peu d'espoir à Symon Béchut. Il résolut de passer outre, et ayant raconté son échec à son maître, celui-ci l'encouragea dans sa résolution et l'emmena avec lui à Rome.

On comprend qu'avec l'appui d'un si haut et si généreux personnage que l'histoire dépeint Jean de Brogny, Symon Béchut, à l'esprit hardi, prêt à saisir les occasions, ne devait pas tarder, en étudiant à Rome, à conquérir une situation satisfaisante. Les années s'écoulaient et notre héros, qui avait oublié le clocher de son pauvre village et le servage dans lequel il était né, qui avait reçu les ordres sacrés, avait cependant des pensées de retour en France, cultivant l'espoir d'un bon canonicat dans quelqu'église cathédrale.

capitulaires du Chapitre d'Auxerre, daté de 1413 à 1429, coté G 1478 *bis*, et pour les conclusions du Chapitre de Troyes, dans un registre et une charte des Archives de l'Aube, cotés G. 1275 et G. 2625, et donnés ci-après aux *pièces justificatives*.

(1) *Nouvelle Biographie* Didot, article Jean de Brogny.

Il avait, outre son premier protecteur, d'autres amis puissants, tels que Jean, patriarche de Constantinople, administrateur perpétuel de l'église de Paris (1), qui était pour lui plein de bienveillance et le montra dans une circonstance décisive, comme on le verra plus loin.

La réputation d'homme de mérite de Symon Béchut était faite auprès de Sa Sainteté par le cardinal de Brogny, qui obtint pour lui des lettres apostoliques (2) lui accordant en expectative une prébende canoniale dans le Chapitre d'Auxerre, vacante par la mort de maître Jean de Vitry, chanoine. Béchut adressa, en conséquence, ses lettres de procuration à maître Symon Roillot, prêtre, qui se présenta, le 12 septembre 1418, devant le Chapitre assemblé et fut reçu sans difficulté et installé au chœur et au chapitre après la lecture des statuts. Maître Roillot paya ensuite la somme de 25 livres, savoir : 15 livres pour une chappe de soie, 8 livres pour le grenetier et 40 sous pour être distribués aux clercs du Chapitre, aux bâtonniers et aux clercs du chœur.

Symon Béchut ne tarda pas beaucoup à suivre son procureur et à venir prendre possession de sa prébende. Le 2 novembre 1418, il se présenta au Chapitre d'Auxerre (3) et prêta les serments exigés et notamment « quod ipse liber est et libere condicionis », et il fut installé chanoine.

Mais il n'était pas sans préoccupation sur son véritable état social. Il savait bien que si le pape lui avait accordé de son autorité apostolique un bref lui concédant un bénéfice ecclésiastique, cela n'effaçait pas la tache de son origine ni sa dette envers le Chapitre de Troyes. Il n'en était pas moins serf et fils de serf non libéré, d'après sa requête même de 1405 (4).

(1) Jean de la Rochetaillée, patriarche de Constantinople, administrateur perpétuel de l'église de Paris (la *Gallia*, t. VI, 145, met Genève) ; nommé évêque de Paris par le pape Martin V, puis archevêque de Rouen ; cardinal en 1427, légat à Bologne, où il est mort le 24 mars 1436.

(2) Ces lettres sont datées du 5 février 1418, l'an Ier du règne du pape.

(3) Le Chapitre d'Auxerre était un corps important par sa situation auprès de l'évêque de cette ville qui était un des premiers de France. Il possédait un corps complet de dignités, et plus de cinquante canonicats dont les titulaires habitaient autour du cloître, auprès de la cathédrale, autant de maisons qui comprenaient la moitié de la Cité. Le Chapitre était seigneur de douze bourgs ou villages, et possesseur de beaucoup de domaines dans un grand nombre de lieux.

(4) Voyez ci-dessus, p. 170.

Le procès-verbal dressé au nom du Chapitre de Troyes, le 29 avril 1405,

Quoiqu'il en soit, rassuré par son passé déjà long dans un pays comme Rome, où le servage des temps féodaux était inconnu, il passa outre, comptant qu'il était oublié et que sa situation cléricale le mettait à l'abri de toute revendication personnelle, et il agit en conséquence.

La présence de Symon Béchut dans les fonctions canoniales est constatée dans les registres des conclusions des années 1419 à 1421. Il a acheté une maison canoniale qu'il céda au sire de Chastellux, en 1424, comme on le verra plus loin. Jusque-là, il n'éprouve aucune difficulté et jouit en paix de son bénéfice, se faisant bien venir de ses nouveaux confrères auxquels il raconte les incidents de sa vie passée et dépeint les merveilles de la Ville éternelle.

Mais la sécurité dont jouissait messire Béchut ne devait pas durer longtemps; Troyes était trop voisin d'Auxerre pour qu'on y ignorât ce qui se passait dans cette dernière ville, surtout au sujet d'un chanoine de l'église cathédrale nommé directement par le pape après un long séjour dans la Curie où il avait dû acquérir une certaine importance. Messieurs de Troyes, mécontents de sa conduite à leur égard, qu'ils regardaient comme un parjure, lui avaient intenté un procès pardevant le bailli de cette ville qui ordonna d'arrêter Béchut comme serf du Chapitre, et un jour les chanoines d'Auxerre virent arriver un sergent royal qui venait pour mettre le jugement à exécution. Il n'était plus possible de céler la situation. Aussi le Chapitre résolut-il de demander à Béchut des explications et chargea de ce soin quatre de ses membres présidés par l'archidiacre de Puysaie.

Le 15 décembre 1420, les commissaires vinrent rendre compte de leur mission au Chapitre assemblé, puis, après divers pourparlers, Béchut, appelé devant le Chapitre, protesta qu'il voulait hâter la solution de son affaire et pria ses confrères de lui accorder un délai suffisant, à quoi le Chapitre répondit qu'il lui accordait jusqu'à la fête de Saint-Jean-Baptiste 1421, pour établir la preuve de son état de liberté, passé lequel temps, s'il ne le faisait pas, il serait privé de tous ses droits, « cum status habeatur expresse in « ecclesia quod omnes canonici jurarent, quod eciam ipse juravit, « quod sunt libere condicionis (1) ».

---

par deux notaires, constatant l'état de servage de Béchut, et qui est transcrit au reg. G. 1798 *bis*, du Chapitre d'Auxerre, ne fut adressé à cette compagnie qu'après l'élection de Béchut comme chanoine.

(1) Le Chapitre tenait d'autant plus rigueur à Béchut, qu'un article de ses statuts portait que l'affranchissement des serfs qui sollicitaient la

Ainsi mis en demeure, Béchut mesura l'étendue des difficultés de sa situation et les ressources qu'il avait pour y faire face. Il a recours d'abord, comme au plus sûr, à ses amis de Rome qui lui font obtenir du pape Martin V, le 7 avril 1421, un Bref (1) où sans trancher la question de droit et en restant dans des termes généraux qui ne préjugaient rien, le Saint-Père lui montre toute sa sympathie, et cela dans un style élégant qui annonce déjà la Renaissance italienne et devance beaucoup la forme grossière des scribes français.

Nous donnerons ici la traduction de cette pièce qui est intéressante.

Le pape, s'adressant à Symon Béchut, lui écrit en ces termes :

« Sur la présentation de ta pétition portant que parmi les statuts de l'église d'Auxerre, il en est un déclarant que personne ne peut être reçu chanoine dans cette église s'il n'a pas prouvé auparavant qu'il est de condition libre et a prêté serment à cet effet ;

« Que tu l'assures, toi, chanoine prébendé de ladite église, tu as prêté, au moment de ta réception à une prébende, le serment que tu étais alors de condition libre ;

« Mais, comme le porte ta pétition, tu es né dans un certain lieu du domaine temporel de nos chers fils, le Chapitre de Troyes, et comme tu as vécu dans la Cour romaine et y as obtenu tous les ordres sacrés et que tu crains, au sujet de la prestation de serment en question, que tu puisses être inquiété à l'avenir, parce que l'on dit que tous les individus qui sont nés sous le domaine temporel dudit Chapitre sont, à cause des tailles et autres charges, de condition serve et non libre ;

« Voulant que toi qui, ainsi que tu l'assures, au temps de ta réception en cette qualité, ne croyais pas être soumis à cette condition servile, ainsi que tu le crois encore à présent, porté par tes prières à t'accorder notre faveur apostolique, nous arrêtons et déclarons de notre autorité apostolique que nonobstant les choses susdites.... tu puisses obtenir un canonicat dans l'église d'Auxerre ou tout autre bénéfice, malgré les statuts des églises de Troyes et d'Auxerre sur la manière de recevoir les bénéfices, etc. »

Voilà qui montre que l'on pensait à Rome que le servage n'était pas un obstacle absolu à l'obtention des bénéfices ecclésiastiques, tandis que c'en était un en France.

---

tonsure cléricale devait avoir lieu en Chapitre général. (Arch. de l'Yonne, G. 1819, xvi° siècle).

(1) Registre des conclusions du Chapitre d'Auxerre, G. 1798 *bis*.

Au reçu du bref papal, Béchut, qui se sentait soutenu en haut lieu, ne se pressa pas d'exécuter la conclusion du 15 décembre 1420. Il laissa passer les délais qu'on lui avait fixés et, bien plus, ayant obtenu de l'auditeur de la Chambre ecclésiastique des lettres de protection qui l'autorisaient à agir contre certains sujets du Chapitre à l'occasion des droits de sa prébende, il essaya d'en faire usage. Mais le Chapitre, tout en déclarant être prêt à lui rendre justice vis-à-vis de ses sujets « mais sans les vexer », lui fit défense de rien faire contre eux avant d'avoir communiqué ses lettres. Dans ce cas, cependant, le doyen du Chapitre protesta ne pas s'opposer à la juridiction du « seigneur auditeur pontifical ».

Cependant le Chapitre se lassait de voir que Béchut ne déférait pas à ses décisions et semblait vouloir les braver en assistant aux assemblées comme si de rien n'était. Le 6 octobre 1421, il prit une nouvelle résolution contre lui et lui notifia que dorénavant il ne recevrait plus aucune distribution canoniale jusqu'à ce qu'il eût justifié de son état de liberté. C'était le prendre par la famine, car les distributions manuelles, en nature ou en argent, étaient le principal des revenus canoniaux.

Déjà, avant le 6 octobre, Béchut qui pressentait les mesures qu'allaient prendre contre lui ses confrères mécontents, était allé à Troyes pour essayer d'obtenir de ses anciens maîtres, les chanoines de la cathédrale, ces fameuses lettres d'affranchissement qui devaient mettre un terme à ses ennuis si prolongés. Et comme il craignait d'être arrêté, en vertu du jugement porté contre lui comme serf, il s'assura d'abord d'un sauf-conduit de la part du Chapitre (9 septembre 1421); puis, le lundi suivant, il se présenta devant les commissaires de ce corps qui lui accordèrent un délai et lui demandèrent de produire sa requête par écrit. Béchut adressa en effet cette requête au Chapitre, mais il se garda bien d'avouer qu'il était *son homme* (1). En conséquence, on ajourna l'affaire jusqu'à ce qu'il eût déclaré son véritable état (26 septembre 1421). Béchut revint donc à Auxerre sans rapporter la clef de sa chaîne de serf et il y trouva le Chapitre sans pitié. On voulut lui faire payer ses allures indépendantes et la fraude qu'il avait employée en célant depuis quatre ans son véritable état social.

Le vendredi 7 novembre 1421 eut lieu une assemblée solennelle

---

(1) Le Chapitre de Troyes avait alors des dispositions peu bienveillantes pour les chanoines serfs de naissance, malgré leur affranchissement, et il refusait de les admettre dans son sein. (G. 1275, conclusions capitulaires, 1420-1448, archives de l'Aube).

du Chapitre tenue en dehors de Béchut, « pour que le Chapitre soit plus libre », où son affaire fut exposée par le promoteur et discutée. Le compte-rendu de la délibération ne contient pas moins de quatre grandes pages où tous les faits et les principes sont examinés.

Il y est dit que Béchut, prêtre, revenant de Troyes, se présenta comme chanoine d'Auxerre ; que le Chapitre lui avait enjoint d'avoir à se faire affranchir de la main-morte et de prouver qu'il n'était pas de serve condition, sous peine de perdre les fruits de sa prébende ; ce que Béchut ne fit pas ou du moins n'en informa pas le promoteur. Alors celui-ci requit poursuite contre lui. Béchut allégua aussi la dispense du pape du 7 avril précédent en sa faveur.

Enfin le Chapitre résume les avis de son conseil sur l'affaire, où l'on remarque entre autres textes celui-ci :

« Item quod in omnibus ecclesiis cathedralibus regni Francie, et maxime in ecclesia Autissiodorensi, inter alia ipsius ecclesie statuta, est unum preceptum venerabile atque laudabile et a jure approbatum, quod a singulis canonicis dicte ecclesie, dum recipiantur in canonicatu, juratur videlicet quod est libere condicionis et non servilis, nec alias, intencionis est capitulum aliquem recipere nisi in veritate sit libere condicionis ; quod si esset servilis condicionis, credens se esse liber, et juraret se esse libere condicionis : sua videretur receptio nulla, nec deberet percipere aliquas distribuciones, maxime postquam decreta est servilis condicio et quod non est libere condicionis, etc. »

Après cette déclaration et d'autres propositions, le chapitre conclut donc que la réception de Béchut comme chanoine de l'église d'Auxerre est nulle en droit, « quod et quod juravit se « esse libere condicionis, et in veritate non est ita sed est servilis « condicionis ». Il fait ensuite défense de rien distribuer à l'accusé jusqu'à ce qu'il se soit purgé de sa servitude et que le Chapitre en ait autrement ordonné.

Béchut, ainsi condamné, vit bien qu'il n'avait plus d'espoir de succès à Auxerre, même en cherchant tous les biais possibles. Après quelque temps, il se résigna donc à retourner à Troyes pour solliciter, cette fois définitivement, de ses anciens maîtres, son affranchissement du servage.

Dix-sept ans s'étaient écoulés depuis le jour où il avait humblement adressé sa première requête au Chapitre. Il avait acquis, depuis ce temps, de la science et de l'expérience dans le milieu élevé où il avait vécu. Il y avait gagné aussi de grands protecteurs dont il allait encore se servir dans cette circonstance. Le Chapitre lui gardait rancune de sa faute et il l'avait signalé à celui d'Auxerre comme serf déserteur, et il avait poursuivi, comme on l'a vu, une instance judiciaire contre lui devant le bailli de Troyes pour raison de cet état, et il le revendiquait comme son homme de corps et de poursuite partout où il se transporterait.

Pour en finir une bonne fois, Béchut, qui voudrait bien ne pas payer sa libération du servage, fait intervenir un protecteur nouveau, Mgr Jean, patriarche de Constantinople. Devant une aussi haute sollicitation, le Chapitre de Troyes ne pouvait que s'incliner, car il désirait complaire à un tel personnage. Aussi prit-il, le 16 octobre 1422, une conclusion par laquelle il vota l'affranchissement de Symon Béchut, en déclarant bien haut que « c'etoit à la recommandation du patriarche de Constantinople. » Il ajouta toutefois une réserve, que Béchut reconnaîtrait cet acte par une compensation convenable et sous la promesse qu'il ferait de ne jamais demander la jouissance d'un canonicat et d'une prébende dépendant de l'église cathédrale de Troyes.

Mais la conclusion sommaire constatant le fait de l'affranchissement ne suffit pas au Chapitre qui voulait lier Béchut par des engagements précis et détaillés, afin d'éviter toute nouvelle mesure dilatoire de sa part. Le 24 novembre suivant, il pria l'official de Troyes, « siégeant dans la cour de son tribunal, » de recevoir l'acte qu'il avait fait dresser par deux notaires apostoliques et impériaux, et destiné à consacrer l'affranchissement de Béchut qui y assiste et y donne son plein consentement.

Voici quelques passages de cet acte :

« Le Chapitre, animé de sentiments pieux, sur l'humble supplication de Symon, pour l'honneur et l'accroissement du culte divin, et en considération des instantes et affectueuses sollicitations du seigneur Jean, patriarche de Constantinople et administrateur perpétuel de l'église de Paris, a affranchi ledit Symon de toute servitude moyennant cent écus d'or du coin du Roi (1). »

A la suite, sont stipulées d'autres conditions imposées à Béchut :

« Qu'il portera toujours respect au Chapitre et ne lui causera aucun déshonneur ; qu'il jurera de ne jamais chercher à obtenir un canonicat ou un autre bénéfice dans l'église de Troyes ; qu'il ne cherchera jamais à se faire relever de ses serments susdits par le Pape, autrement, qu'il renoncerait à son affranchissement et rentrerait dans son ancienne servitude. »

(1) L'écu d'or valant en 1422, 25 sous t. d'argent, cette somme vaudrait environ 3,000 francs d'aujourd'hui.

Alors, Béchut constitue le doyen et le chambrier de l'église de Troyes ses procureurs irrévocables dans son affaire avec le Chapitre, et déclare que s'il obtenait des lettres de canonicat ou d'autre dignité, il leur donne le pouvoir d'y renoncer pour lui, etc.

Le résumé de cet acte, délivré à Béchut, fut bientôt apporté par lui au Chapitre d'Auxerre, qui, n'ayant plus aucune raison pour refuser de l'admettre dans son sein, vise le bref pontifical du mois d'avril 1421 et l'élection du 12 septembre 1419, et prend une conclusion le 19 décembre 1422, qui termina ces trop longs débats.

La relation de cette nouvelle réception affecte une forme solennelle et commence par ces mots : « *ad perpetuam rei memoriam.* » Le rédacteur rappelle d'abord la prise de possession par procureur d'un canonicat, le 12 septembre 1418, puis celle par Béchut lui-même, le 2 novembre suivant, où il jura qu'il était de libre condition, conformément aux statuts ;

« Que quelque temps après, un sergent royal vint à Auxerre à la requête du Chapitre de Troyes et en exécution d'un jugement du bailli de cette ville, pour arrêter Béchut, ce qu'il ne put faire, mais qu'il saisit le revenu de Béchut accusé d'avoir, lui, serf, et malgré ses maîtres, reçu la tonsure cléricale et les saints ordres à Rome, ainsi que cela fut établi par ledit jugement définitif ;

Qu'en présence de cette situation et après la poursuite de Béchut faite par son promoteur, le Chapitre prononça que sa réception était nulle, et qu'à moins de justifier de sa liberté dans un délai fixé, il ne recevrait plus ses distributions ;

« Qu'en ce jour, Béchut apporta au Chapitre assemblé des lettres patentes et missives du Chapitre de Troyes qui furent lues et consignées au procès-verbal ;

« Puis il fut délibéré et conclu :

« Que la réception de Béchut étant nulle et sans valeur, il restituera tous les fruits reçus, qu'il ne recevra plus rien de l'église ; que, comme il s'était vanté publiquement, tant dans le Chapitre qu'ailleurs, qu'il causerait des dommages à l'église d'Auxerre et à plusieurs chanoines qu'il nomma, comme ayant conseillé la poursuite faite contre lui et surtout à Jean de Molins, chantre, vieux et malade, qu'il fit citer en cour de Rome, afin que pendant le cours du procès la chantrerie, qui est élective, fût réservée au siège apostolique, et que si Jean de Molins venait à mourir, le Chapitre ne pût lui élire un successeur ;

« Que Béchut jurera et promettra canoniquement qu'il annulera tout ce qui a été fait en cette matière... qu'il fera rédiger à nouveau et d'une manière plus précise les lettres du Chapitre de Troyes relatives à son affranchissement et qui devront porter que ledit Chapitre renonce à tout droit sur sa personne et sur ses biens passés et à venir, jusqu'à sa mort ;

« Enfin, que si Béchut était reçu à ces conditions dans un nouveau canonicat, il prêtera un nouveau serment et paiera une amende à la volonté du Chapitre. »

Béchut, mandé devant le Chapitre, entendit la lecture des conditions ci-dessus, les accepta en entier, jura qu'il était libre, déclara se soumettre à tous les statuts et à payer une amende à la volonté du Chapitre, et demanda en grâce, cependant, qu'on lui fît remise des revenus qu'il avait reçus dans le passé. Le Chapitre promit que, s'il se conduisait bien, il en tiendrait compte, et, en vertu de la grâce apostolique et par amour de paix, il réintégra enfin Béchut dans sa prébende.

Un personnage de l'acabit de Symon Béchut, au caractère énergique et à l'esprit plein de ressources et d'ambition, ne pouvait pas demeurer longtemps simple chanoine. Pendant qu'il terminait sa grosse affaire avec le Chapitre, il obtenait à Rome des bulles éventuelles, en cas de vacance de canonicat et de dignité à la collation soit de l'évêque, soit du Chapitre ; et ayant appris la mort de Guillaume Blésy, chanoine, possesseur de la lectorie (1), il se présenta, armé de ses bulles, au Chapitre qu'il requit de lui conférer cette fonction. A la lecture de ces pièces, le Chapitre n'hésita pas à l'accueillir comme lecteur, espérant bien, par son empressement, de lui faire oublier le passé (2).

L'année suivante, Béchut devint gouverneur des Grandes-Charités d'Auxerre, qui étaient l'Hospice communal de ce temps-là (3).

Il avait acheté une maison canoniale que nous croyons être celle qui est au fond de la cour du numéro 1ᵉʳ de la rue Cochois, en face du beau portail Renaissance de l'ancien évêché. Mais, en 1424, à la suite de la bataille de Cravan où le sire de Chastellux, Claude de Beauvoir, avait vaincu les troupes du Dauphin et conservé cette ville au Chapitre qui en était seigneur, ce corps voulant lui témoigner sa reconnaissance, lui offrit une prébende

---

(1) Le lecteur était dans l'origine chargé de marquer ce qui devait être lu aux assemblées des fidèles ou aux offices divins. Il avait la garde des actes des martyrs, des livres et des titres de l'église.

(2) G. 1798 *bis*, an 1422-23, 23 janvier, Archives de l'Yonne.

(3) Archives de l'Hôtel-Dieu.

canoniale à perpétuité quoiqu'il fût laïque. Claude de Beauvoir, désirant remplir toutes les conditions de sa nouvelle dignité, demanda au Chapitre de lui vendre une maison canoniale. On lui en offrit plusieurs qui n'étaient pas à son goût. Il jeta enfin les yeux sur celle de Symon Béchut qui ne se souciait pas d'y renoncer, même moyennant indemnité. Il fallut pourtant cette fois que Béchut s'exécutât et le Chapitre lui céda une autre maison appelée « *Domus servorum* (1), » gratuitement sa vie durant, et l'exonéra de deux amendes qu'il avait encourues, (dont l'une des deux était de vingt-cinq livres), en date du 2 septembre 1424, pour avoir porté violemment la main sur l'abbesse des Isles (2).

Cette aventure, dont la relation nous a été conservée, mérite d'être rapportée comme un document historique et comme épisode intéressant sur notre héros qui avait gardé, à ce qu'il paraît, quelque chose de la rudesse de ses mœurs primitives (3).

En ce temps-là, le pays auxerrois était sillonné en tous sens par des troupes armées de deux partis ennemis : celles du nouveau roi Charles VII et celles de Philippe-le-Bon, duc de Bourgogne, allié aux Anglais. Auxerre, qui appartenait à ce prince, était une place avancée dans la vallée de l'Yonne et tenait en échec les troupes royales. La garde des murailles et des barrières était faite d'une manière rigoureuse par toutes les classes d'habitants, le clergé même était astreint à ce service.

Un jour, c'était le 29 août 1424, Symon Béchut gardait les barrières de la porte Saint-Siméon (4) avec d'autres bourgeois, lorsque l'abbesse des Isles, accompagnée d'autres femmes, vêtues en habit laïque de peur des gens d'armes qui parcouraient le pays, passa non loin de là. Béchut, qui l'aperçut, la suivit avec un autre garde jusqu'au coin du clos de Saint-Germain. Arrivé là, il l'interpella : « Qui êtes-vous et portez-vous des lettres ? (5).

L'abbesse lui répondit : « Je vais à Guerchy pour recouvrer des « bœufs qui nous ont été enlevés et qui sont en ce lieu, d'après

---

(1) La *Maison des Serfs*. Les archives du Chapitre ne contiennent aucun éclaircissement sur cette maison.

(2) L'abbesse des Isles se nommait Guidonne. — Le couvent des Bernardines des Isles était situé sur la rive droite de l'Yonne, à quelques kilomètres d'Auxerre, où existe encore une ferme de ce nom.

(3) Cette relation est empruntée au procès fait à Béchut par le Chapitre, et copiée dans le registre G. 1978 *bis*.

(4) La porte actuelle dite de Paris.

(5) C'est-à-dire un sauf-conduit.

« l'avis du seigneur. » Alors Béchut laissa aller les voyageuses et s'en revint vers ses compagnons.

Mais, après réflexion et prenant un déguisement, il courut avec Jean Godin après l'abbesse, au-delà de la léproserie de Saint-Siméon, en haut de la montagne(1), au lieu dit Champrimbaut et, l'ayant atteinte, il porta la main sur elle avec violence et la ramena jusqu'à la porte de la ville en l'injuriant et criant:

« Sanglante paillarde ! p..., tu vas après tes ribaux ; tu as « desrobé ton esglise et porte l'argent à tes norrices pour tes enfans « norrir. Tu retorneras, vueilles-tu ou non (2). »

Arrivée à la porte, Béchut recommença à l'injurier et, avec ses compagnons, il but son vin et mangea le lard et le fromage qu'elle portait dans un bissac. Ensuite, il fouilla dans sa bourse, « où il y avait au moins dix sols, » puis il lui dit qu'il la mènerait par la ville pour lui faire honte. Les gardes la conduisirent alors devant le prévôt Lourdin, la forcèrent de demander pardon à Béchut, et exigèrent 50 écus pour lui rendre la liberté.

Puis ils redoublèrent leurs injures « au grand déshonneur et mépris de l'église, du doyen et du Chapitre d'Auxerre, de l'abbesse des Isles et de son ordre, et même de tout le clergé et de la ville d'Auxerre qui en fut grandement émue. »

Aussi, bientôt après, des plaintes furent portées au Chapitre par Guillaume Driard, procureur du comté d'Auxerre, et par d'autres qui, au nom de l'abbesse des Isles, se plaignirent de Béchut en demandant justice et en racontant par le menu les détails qui précèdent et qui forment les bases de l'accusation portée contre ce dernier.

Le Chapitre, ayant fait dresser procès-verbal des doléances de l'abbesse des Isles, mit l'accusé en demeure de se justifier. Béchut ne nia pas tous les faits, mais il dit qu'il avait agi du consentement des gardes qui étaient avec lui.

Après mûre délibération, tenue en dehors de sa présence, le Chapitre lui déclara que s'il voulait « amender, » ce dont se plaignait l'abbesse, il serait reçu à le faire, autrement qu'il pourrait plaider le procès. Alors, Béchut, mettant la main dans la main du doyen, répondit qu'il acceptait l'amende des 25 livres à laquelle il était condamné, mais il protesta toujours n'avoir pas porté violemment la main sur l'abbesse.

Le même jour, Ferric Viaud, autre chanoine qui était de garde aux barrières de Saint-Siméon avec Béchut, et qui était accusé

(1) A 1500 mètres environ de la porte Saint-Siméon.
(2) Reg. des conclusions capitulaires, G. 1798 *bis*.

d'avoir pris part aux voies de fait et aux injures commises envers l'abbesse des Isles, fut également assigné devant le Chapitre, mais il nia les faits et persista dans son dire, et l'affaire fut renvoyée à la réunion de la quinzaine suivante.

Symon Béchut n'avait pas perdu, par le procès que nous venons de raconter, la confiance du Chapitre, car, à la mort de l'évêque Philippe des Essarts, il fut, avec un autre chanoine, nommé régaliste, c'est-à-dire chargé d'administrer l'évêché en attendant la nomination du successeur du défunt (14 octobre 1426).

L'office de lecteur que Béchut possédait depuis 1423-24 ne lui paraissait pas à la hauteur de son mérite, aussi, en 1429, à la mort d'Etienne Morant, chanoine sous-chantre, il convoita sa place qui était un *personnat* à la nomination de l'évêque (1), et l'obtint.

La perte des registres des conclusions capitulaires depuis 1430 et pendant un siècle, ne permet pas de suivre Symon Béchut dans sa longue carrière qui a dû être, si l'on en juge par le passé, assez mouvementée. Lebeuf en parle sommairement, et par le peu qu'il en dit, on peut voir que Béchut était devenu un personnage dans le clergé auxerrois.

L'acte le plus important auquel Béchut prit part dans la suite est le traité passé, en 1456, entre les bourgeois et les vignerons d'Auxerre pour le règlement des heures de travail de ces derniers.

Le choix de sa personne avec Pierre Le Masle, abbé de Saint-Pierre, pour le clergé de la ville, témoigne de la haute considération dont Béchut jouissait et de la confiance qu'on avait dans sa science et dans son jugement. L'étude de ces questions des relations des bourgeois et du clergé, alors propriétaires de la plus grande partie du sol auxerrois, avec les vignerons qui travaillaient pour eux et dont ils ne pouvaient pas se passer, demanderait un long développement et ne serait pas à sa place ici. Elle a été, d'ailleurs, très bien exposée par M. Demay dans une notice sur la Sonnerie du travail à Auxerre. Nous nous bornerons à en dire quelques mots.

L'assemblée, convoquée, comme c'était l'usage alors et même plus tard, dans l'église des Cordeliers, au centre de la cité, se composait de soixante bourgeois ayant à leur tête Jean Regnier, le

---

(1) Le sous-chantre avait les mêmes fonctions que le Chantre qui était une *dignité*, et qui avait toute l'autorité sur les chantres ordinaires, dirigeait le chant de l'église et veillait à sa pureté. (*Lettres de Lebeuf*, t. I, 174, et *Histoire d'Auxerre*, t. I, p. 195).

jeune, lieutenant du bailli d'Auxerre, Jehan Lourdin, prévôt de la ville, et d'autres personnes de marque ; les vignerons et les laboureurs étaient au nombre de cinquante-quatre. Après un long débat, auquel sans doute Symon Béchut dut prendre part, les deux parties qui étaient en instance devant le Parlement, renoncent à leur appel et conviennent, entre autres choses, que le commencement de la journée des vignerons et des laboureurs, depuis la fête de Pâques jusqu'à la fête de l'Exaltation, en septembre, aurait lieu à l'aurore et qu'elle ne finirait qu'au soleil couchant. La durée des repas et du repos serait de trois heures.

Symon Béchut continua à remplir son office de sous-chantre jusqu'en 1460, qu'il en permuta avec Philippe Cotet pour la cure de Saint-Léger-des-Vignes (1) au diocèse de Nevers. Il mourut chanoine le 25 mai 1466 (2), après une longue carrière qui, de la plus humble origine, l'avait conduit aux charges les plus importantes du clergé du diocèse d'Auxerre.

PIÈCES JUSTIFICATIVES.

N° 1

(Archives de l'Aube, registre G. 1275).

Extraits des conclusions capitulaires du Chapitre Saint-Pierre de Troyes, relatives à Symon Béchut. (ans 1421-1422).

F° 11 r°. — Die veneris XIX° septembris anno quadringintesimo XXI°, domini mei capitulantes deliberaverunt quod dominus Symon Bechuti habeat securitatem a dominis meis pro veniendo hic et loquendo cum eis, et pro eum audiendo commiserunt dominos meos Sezanne et Sancte-Margarite, archidiaconum, et magistrum Thomam de Auxona, et referant quid tractatum fuerit cum dicto Bechut.

Die lune sequenti, dictus dominus Symon venit, et loqutus fuit cum dominis meis ad hec deputatis super statu corporis sui, quia est homo dominorum meorum, et fecit se promoveri ad tonsuram clericalem sine scitu et licencia dominorum meorum ; et domini mei deliberaverunt quod habeat dilacionem usque ad voluntatem ipsorum.

F° 11 v°. — Die mercurii XXIIII septembris (1421), domini mei deliberaverunt quod dictus dominus Symon det in scriptis peticionem suam, et sibi respondebunt.

Die veneris XXVI septembris (1421), domini mei deliberaverunt super peticione data in scriptis per dominum Symonem Bechuti, in qua non confitetur esse hominem dominorum : quod confiteatur veritatem et sibi debite respondebunt.

---

(1) Bourg de 1400 habitants dans l'arrondissement de Nevers.
(2) Lebeuf, *Mémoires sur l'Histoire d'Auxerre*, t. I, article sous-chantres et Obituaire G. 843.

F° 20 v°. — Die veneris IX octobris (1422), domini mei commiserunt J. Crassi, Paveillon et Grapin, ad loquendum cum domino Symon Le Bechut, et audiendum quid voluerit dicere et referant capitulo.

Die veneris XVI octobris (1422), deliberaverunt et concluserunt quod dominus Symon Le Beschut manumittatur, dummodo faciat dominis meis dignam recompensacionem, et eciam quod fiat talis provisio quod non possit venire ad canonicatum et prebendam hujus ecclesie.

F° 21 r°. — Die martis XXIIII novembris (1422), solvit dominus Symon Bechuti, canonicus Autissiodorensis, quinquaginta scuta auri in deductionem centum scutorum aureorum quibus tenetur dominis meis racione concordie per eos cum eodem facte racione manumissionis sue, etc., et de aliis quinquaginta se obligavit in manibus domini officialis Trecensis cum domino Johanne Vallet, curato de Fonte-Beate-Marie prope Trecas, Nicolas Huyardi, notario.

N° 2.
16 octobre et 24 novembre 1422.

Lettres de l'Official de Troyes, confirmant un acte y relaté contenant l'affranchissement de Symon Béchut, par le Chapitre de cette ville, moyennant cent écus d'or, et suivies de certaines conditions imposées à Béchut.

In nomine Domini amen. Universis presentes litteras, seu presens publicum instrumentum inspecturis, Officialis Trecensis, salutem in Domino. Noveritis quod coram nobis in curia Trecensi, pro tribunali sedentibus, personnaliter constitutis viris venerabilibus et discretis magistro Stephano Grappin, in jure canonico licenciato, canonico Trecensi, procurator de procuratorio nomine venerabilium et discretorum virorum dominorum decani et capituli Trecensis ecclesie, per litteras procuratorias sub sigillo capituli dicte ecclesie confectas et eodem sigillo in cauda dupplici pargameni sigillatas, de quibus nobis et notariis publicis subscriptis extitit legitime facta fides, ex parte una ;

Et domino Symone Bechuti, presbytero, canonico autissiodorensi, ex parte altera. Idem dominus Symon, sua spontanea voluntate, non vi, dolo, metu, seu coactione quacumque, recognovit et confessus est infrascripta : videlicet, quod cum ipse dominus Symon alias fuisset et esset homo de corpore pro toto servilis condicionis manusmortue et prosecucionis, ubicumque se duxisset transferendum, ipsorum venerabilium et dicte Trecensis ecclesie ipsumque dictum dominum manumisissent per eorum litteras, quarum tenor sequitur in hec verba :

Universis presentes litteras inspecturis, Decanus et capitulum ecclesie Trecensis, salutem in Domino. Notum facimus quod nos dilectum nostrum dominum Symonem Bechuti, hominem nostrum de corpore, et dicte nostre Trecensis ecclesie pro toto servilis condicionis manusmortue ad voluntatem tailliabilem ac prosecucionis ubique talisque condicionis, quod, absque nostris licencia et auctoritate petitis et obtentis, eidem domino Symoni non licet nec licuit tonsuram clericalem nec alios sacros ordines recipere, nec eciam aliquo gaudere vel uti privilegio clericali queque, si aliquid in prejudicium predictorum factum fuisset, deberet et debet retractari et secundum juris dispositionem reparari ; nichilominus, tam pietatis intuitu, ipso eciam domino Symone hec humiliter requirente, in favorem et augmentacionem divini cultus quam eciam contemplacione reverendissimi in Christo patris ac domini domini Johannis, divina providencia patriarche Constantinopolitani, parisiensis ecclesie administratoris perpetui, pro eodem domino Symone instantis affectuose, manumisimus, liberavimus et per presentes manumictimus, et ab omni jugo pristine servitutis liberamus ; dantes eidem domino Symoni plenariam facultatem utendi et fruendi de cetero jure perfecte libertatis, privilegioque et libertate ecclesiastica ; mediante tamen precio seu summa centum scutorum auri de cugno regis Francie, domini nostri, boni et legitimi ponderis, nobis et ecclesie nostre predicte per eumdem dominum Symonem in recompensacionem et augmentacionem reddituum dicte nostre ecclesie persolvendorum realiter et reddendorum, jure, tamen, nostro et dicte nostre ecclesie in aliis semper salvo. In quorum omnium et singulorum fidem et testimonium sigillum capituli nostri presentibus litteris duximus apponendum. Datum et actum, in dicto capitulo nostro, anno Domini millesimo quadringentesimo vicesimo-secundo, die sexta-decima mensis octobris. — G. MAUBERTI.

Tamen, hujusmodi manumissio facta fuit et est mediantibus pactionibus et conventionibus que secuntur : videlicet, quod predictus dominus Symon promisit ac juravit, promittitque et jurat in verbo veritatis et sacerdocii, manu ipsius ad ejus pectus apposita, quod reverenciam debitam et honorem deferet et portabit dictis dominis decano et capitulo quamdiu ipse vixerit in humanis et ad quemcunque statum devenerit, nec ullo unquam tempore ipsorum dominorum decani et capituli dedecus seu incommodum per se vel per alium procurabit ; et si quod ab aliis procuratum seu factum fuerit, ipsis dominis decano et capitulo revelabit, seu per alium faciet revelari possetenus ; procurabitque dictorum dominorum utilitatem, honorem et commodum in quantum poterit. Juravit et promisit, insuper, idem dominus Symon, quod ipse nunquam ad canonicatum, prebendam dignitatem, personatum vel administrationem, aut officium dicte Trecensis ecclesie anelabit seu tendet, nec unquam, per se vel alium seu alios, a quocunque graciam seu litteras impetrabit, per quam seu quas ad dictos canonicatum, prebendam, dignitatem, personatum, seu administracionem vel officium valeat pervenire ; et si que de facto jam sint seu fuerint impetrate, ipsis penitus exanime renunciat, easque nullius roboris esse voluit vel momenti, nec eciam dictos canonicatum, prebendam, dignitatem, personatum, seu administracionem ab aliquo recipiet collatore ; et si jam, de facto eidem domino Symoni sint collati, eis penitus renunciavit et renunciat per presentes. Juravit eciam, idem dominus Symon, et promisit quod super premissis juramentis, seu aliquo ipsorum, a domino nostro papa, seu quocunque alio pontifice, nullam unquam procurabit dispensacionem, ac contra premissa seu aliquod premissorum per se vel alium, directe vel indirecte, nunquam venire quomodolibet in futurum. Et si forsam venerit ex nunc idem dominus Symon, predicte manumissioni renunciat, penitus et expresse, ac in pristinam servitutem redigi voluit et consentit. Et una cum hoc idem dominus Symon, predictum dominum decanum ac camerarium ad causas dicte ecclesie, qui nunc sunt et erunt pro tempore, et ipsorum quemlibet insolidum, suos procuratores constituit et ordinat, eciam tanquam procuratores irrevocabiles in rem dicte Trecensis ecclesie; dans et concedans idem dominus Symon dictis procuratoribus suis, et eorum cuilibet insolidum, plenariam potestatem et mandatum speciale predictis graciis litteris, canonicatu, prebende, dignitati, personatu, administracioni aut officio et dispensationibus quibuscunque renunciandi, si qui seu que per eundem vel alium pro eo fuerit seu fuerint impetrati seu impetrate; promittens, idem dominus Symon, ratum et gratum habere quicquid per dictos procuratores suos, aut eorum, alterum in premissis et ex tangentibus erit actum, seu eciam procuratum. Et si necesse fuerit judicatum solvi cum suis clausulis opportunis, et quantum ad hec idem dominus Symon, se et sua, heredesque suos, omnia bona sua, mobilia et immobilia, presentia et futura, propter hoc obligavit et juridicioni ac coercioni curie Trecensis, et cujuscunque alterius juridictionis ecclesiastice et secularis supposuit ac submisit penitus ac expresse; omnibus exceptionibus, deceptionibus, obligacionibus et deffensionibus juris et facti que contra presentes possent dici vel objici, specialiter et expresse renunciando.

In quorum omnium et singulorum premissorum fidem et testimonium presentes litteras per notarios publicos subscriptos, qui nobiscum ad premissa presentes extiterunt, ad requestam dicti magistri Stephani Grappini, nomine procuratorio predicto, fieri fecimus sigilique curie Trecensis, una cum signeto nostri officialatus ac signis publicis et subscriptionibus dictorum publicorum notariorum appensione muniri.

Datum et actum, in dicta Trecensi curia, anno Domini millesimo quadringentesimo vicesimo-secundo, indictione prima, more gallicano, pontificatus sanctissimi in Christo patris ac domini nostri domini Martini, divina providencia pape quinti, anno sexto, mensis vero novembris die vicesima-quarta.

Au-dessous, à gauche, sont les seings manuels des deux notaires apostoliques et impériaux: Guiot, dit Pion, de Mesgrigny, et Nicolas Huyard de Villeret, diocèse de Troyes, et les formules attestant l'authenticité de l'acte. — Huyard en est le rédacteur.

Au dos est écrit, d'une écriture du temps:

« Instrumentum manumissionis domini Symonis Bechuti, plures arti-
« culos continens ad perpetuam rei memoriam servorum hujus eccle-
« sie. »

(Pièce sur parchemin, archives de l'Aube, G 2625).

www.ingramcontent.com/pod-product-compliance
Lightning Source LLC
Chambersburg PA
CBHW061524040426
42450CB00008B/1777